ANALISI DEL LIBRO

Educazione sentimentale

• • • • • • • • • • • • • • • • •

GUSTAVE FLAUBERT

ANALISI DEL LIBRO

Scritto da Pauline Coullet
Tradotto da Sara Rossi

Educazione sentimentale

· ·

GUSTAVE FLAUBERT

GUSTAVE FLAUBERT

SCRITTORE FRANCESE

- **Nato a Rouen nel 1821**
- **Morto vicino a Rouen nel 1880**
- **Opere degne di nota:**
  - *Salammbô* (1862), romanzo
  - *Educazione sentimentale* (1869), romanzo
  - *Bouvard e Pécuchet* (1881), romanzo incompiuto

Gustave Flaubert nacque a Rouen nel 1821. Appassionato di scrittura, scopre giovanissimo la sua vocazione letteraria. Nel 1841 si reca a Parigi per iniziare gli studi di legge, che abbandona poco dopo. L'autore si trasferisce quindi a Croisset, sulle rive della Senna, e frequenta le società letterarie dell'epoca. Incontra, tra gli altri, Charles Baudelaire (poeta francese, 1821-1867), Ivan Turgenev (scrittore russo, 1818-1883), George Sand (scrittrice francese, 1804-1876) e Guy de Maupassant (scrittore francese, 1850-1893), per il quale diventerà un modello. Era un perfezionista ossessivo, difendeva la letteratura riflessiva e sognava di scrivere un "libro sul nulla". La sua opera, che si distingue anche per la profondità dello studio psicologico dei personaggi, è un precursore delle numerose evoluzioni che il romanzo subirà nel corso del XX secolo. Flaubert morì nel 1880, lasciando diversi romanzi incompiuti e un ricco patrimonio epistolare.

EDUCAZIONE SENTIMENTALE

SCRIVERE LA MEDIOCRITÀ

- **Genere:** romanzo
- **Edizione di riferimento:** Flaubert, G. (1922) L'*educazione sentimentale*. Trans. Knowlton Ranous, D. New York: Brentano's.
- **1ª edizione:** 1869
- **Temi:** amore, rito di passaggio, disillusione, Francia, rivoluzione, idealismo, fallimento

Flaubert scrisse questo romanzo tra il settembre 1864 e il maggio 1869. Dopo aver tergiversato a lungo su diversi titoli possibili, riutilizzò per difetto quello di un suo scritto giovanile, *Educazione sentimentale*, a cui aggiunse un sottotitolo: *Storia di un giovane uomo*.

Dopo la pubblicazione, l'accoglienza della critica fu fredda; Barbey d'Aurevilly (scrittore francese, 1808-1889) fu addirittura ostile. Solo George Sand difese il romanzo. Flaubert dovrà aspettare autori come Émile Zola (scrittore francese, 1840-1902) o Marcel Proust (scrittore francese, 1871-1922), e critici come Thibaudet (critico letterario francese, 1874-1936) per vedersi restituire la reputazione nella letteratura francese.

Ispirata in parte a episodi della vita privata di Flaubert, quest'opera descrive l'incapacità di un giovane di amare e di trovare il proprio posto nella società.

SINTESI

PARTE I

Capitolo 1

1840. Frederic Moreau si è iscritto alla facoltà di legge di Parigi. Prima dell'inizio dei corsi, va a trovare la madre a Nogent. Durante il viaggio in nave, incontra Monsieur Arnoux e sua moglie e si innamora immediatamente di quest'ultima.

Capitolo 2

Frederic si incontra con Deslauriers, un vecchio compagno di scuola I due immaginano con entusiasmo il loro futuro.

Capitolo 3

1841. Single e a Parigi, Frederic sogna Madame Arnoux. Tenta invano di entrare in contatto con le Dambreuses, esponenti dell'alta società. Il giovane frequenta altri due studenti, Martinon e il marchese de Cisy, ma si annoia.

Capitolo 4

Durante le proteste studentesche, Frederic incontra Hussonnet e Dussardier. Per intercessione di Hussonnet – che lavora per *L'Art Industriel*, una rivista diretta da Jacques Arnoux – Frederic riesce a rivedere Madame Arnoux. Incontra anche Regimbart e Pellerin.

Capitolo 5

1842-1843. L'idea di conquistare Madame Arnoux diventa un'ossessione per Frederic. Non supera gli esami. Mentre è con Deslauriers, si imbatte in Jacques Arnoux, accompagnato da una delle sue probabili amanti, Vatnaz. Frederic si rimette al lavoro e supera gli esami. Ma quando scopre che la sua fortuna è stata dilapidata, il giovane decide di tornare a vivere in periferia.

Capitolo 6

1843-1846. Frederic trova lavoro a Nogent e incontra Louise Roque. Una tempestiva eredità gli permette di ottenere una rendita che non avrebbe mai potuto sognare. Abbandona quindi Louise, che è molto turbata, e torna a Parigi.

PARTE II

Capitolo 1

1845. A Parigi, Frederic cerca Jacques Arnoux, ma non lo trova. Gli viene detto che si è trasferito e ha iniziato a lavorare come commerciante di ceramiche. Quando rivede Madame Arnoux dopo tre anni di lontananza, il giovane scopre che è cambiata: ha un bambino. Ma l'attrazione per lei persiste. Deslauriers, dal canto suo, ha abbandonato gli studi e mostra tendenze socialiste; inoltre, ha intenzione di fondare una rivista militante. Arnoux porta Frederic a un ballo in maschera dove gli presenta una delle sue amanti, Rosanette.

Capitolo 2

1846-1847. Frederic viene invitato a casa dei Dambreuses. Viene anche a conoscenza delle difficoltà finanziarie di Jacques Arnoux e ne parla alla moglie, che chiede al giovane di tenere d'occhio il marito. Tuttavia, Arnoux tradisce la moglie con Rosanette, che dipende economicamente da lui. Lo stesso Frederic non nasconde il suo interesse per la *lorette* (termine francese con cui si indicavano le prostitute dell'epoca). In seguito trascorre il suo tempo tra la casa di Arnoux, la stanza di Rosanette e l'appartamento delle Dambreuses.

Capitolo 3

1847. Da un lato, Frederic ascolta le lamentele di Madame Arnoux sui suoi problemi coniugali, senza osare dichiararle il suo amore, dato che lei lo ha nominato suo confidente. D'altra parte, il giovane è ancora amico di Jacques Arnoux. Cerca quindi di aiutarlo finanziariamente, prestandogli il denaro che aveva promesso alla rivista di Deslauriers. Ma Jacques Arnoux non lo ripaga. Quando Deslauriers chiede i suoi soldi, Frederic finge di averli persi al gioco: l'amicizia tra i due uomini è rovinata. Avendo ormai perso ogni speranza di un incontro romantico con Madame Arnoux, Frederic mette gli occhi su Rosanette.

Capitolo 4

Frederic si unisce a Rosanette nelle sue attività disdicevoli. La sua rivalità con Cisy, un altro degli amanti della cortigiana, sfocia in un duello durante il quale Cisy sviene per lo spavento. A casa delle Dambreuses, Frederic si disonora con un appello contro l'ordine costituito. Il giovane torna a Nogent.

Capitolo 5

Proprio quando sta per sposare Louise Roque, Frederic riceve delle lettere (da Monsieur Dambreuse, Rosanette e Deslauriers) che lo spingono a tornare nella capitale. Il giovane lascia di nuovo Louise, affermando di avere degli affari da sbrigare a Parigi.

Capitolo 6

Fine 1847. La vita politica è inquieta. Frederic condivide finalmente i suoi sentimenti per Madame Arnoux, ma la loro relazione rimane platonica. Il giovane le chiede un incontro intimo, che lei accetta. Tuttavia, non può andare all'incontro perché suo figlio è malato. Quando il figlio guarisce, la donna giura di non sottomettersi mai all'adulterio. Deluso, Frederic torna ad essere l'amante di Rosanette.

PARTE III

Capitolo 1

Nel febbraio 1848 scoppia la rivoluzione. Viene formato un governo provvisorio. In vista delle elezioni legislative, Monsieur Dambreuse propone a Frederic di candidarsi nella circoscrizione di Nogent. Spaventato dalle idee antiborghesi del giovane, Dambreuse si candida nella stessa circoscrizione e lo sconfigge. Frederic viene quindi escluso da un congresso di piccoli avversari politici. Rosanette lo rimprovera per le sue tendenze rivoluzionarie. Il giovane porta quindi la sua amante a Fontainebleau per qualche tempo, dove si rende conto dei suoi difetti. Quando tornano a Parigi nel giugno 1848, i reazionari hanno preso il sopravvento nelle battaglie politiche.

Capitolo 2

Durante una cena con le Dambreuses, Frederic si confronta contemporaneamente con Louise e suo padre da una parte e con la famiglia Arnoux dall'altra. Louise viene a conoscenza della relazione di Frederic con Rosanette. Quando il giovane si reca da Rosanette, Louise lo avvicina e gli propone di sposarsi: lui si sottrae. Nel cuore della notte, Louise si reca a casa dell'uomo che ama, ma il portiere le nega l'ingresso.

Capitolo 3

1849-1850. Non riuscendo a conquistare nuovamente Madame Arnoux e dopo essere stato lasciato da Rosanette, rimasta incinta, Frederic seduce Madame Dambreuse, che diventa la sua amante. Spera che lei gli sia utile nel tentativo di risalire la china sociale.

Capitolo 4

1851. Ormai vedova, Madame Dambreuse propone a Frederic di sposarsi. Lui accetta, pur continuando la sua relazione con Rosanette, che ha appena partorito. Promette amore eterno a entrambe le donne. Il neonato muore improvvisamente. Scopriamo che la nipote di Monsieur Dambreuse, Cécile, è in realtà la sua figlia illegittima. L'eredità del banchiere, quindi, non va a Madame Dambreuse.

Capitolo 5

Venendo a conoscenza della completa rovina della famiglia Arnoux, Frederic vuole aiutarli, ma loro hanno già lasciato Parigi. I beni della coppia vengono venduti. Frederic chiude contemporaneamente le relazioni con Madame Dambreuse e Rosanette. Spera di tornare con Louise Roque, ma lei si sposa con Deslauriers. Nel frattempo, avviene il colpo di Stato di Napoleone III.

Capitolo 6

Quasi 18 anni dopo (1867), Frederic e Madame Arnoux si rivedono. Dopo aver condiviso i reciproci ricordi emotivi, si salutano per sempre.

Capitolo 7

1869. Frederic e Deslauriers si rivedono. Si riconciliano e si rendono conto di non aver realizzato le loro ambizioni infantili. Vivono quindi la loro vita come uomini solitari della piccola borghesia.

STUDIO DEL CARATTERE

FREDERIC MOREAU

Il personaggio centrale del romanzo, Frederic, ha 18 anni quando inizia e 47 quando la storia volge al termine. Suo padre è stato ucciso in un duello e sua madre ha molte idee ambiziose per lui. Frederic è un giovane romantico, anche se indeciso, oltre ad avere la tendenza a procrastinare e a spendere troppo denaro. Inizia gli studi di legge ma non li porta a termine.

La sua rovina (alla fine della prima parte) è un momento chiave: è l'occasione per Frederic di porsi un obiettivo personale adeguato. Ma l'inaspettata eredità che gli cade addosso lo incoraggia a continuare a vivere nello stesso modo: continua a fuggire dalle sue responsabilità.

L'amore della sua vita sarà sempre Madame Arnoux, nonostante le amanti che acquisirà (tra cui Rosanette e Madame Dambreuse):

> *"Si mise in società e concepì legami con molte donne. Ma il ricordo costante del suo primo amore le faceva apparire tutte insipide; e inoltre, la veemenza del desiderio, la fioritura delle sensazioni erano scomparse"* (p. 195).

Membro ozioso della classe media inferiore, vive della sua rendita privata, fino alla fine dell'ultimo capitolo.

MARIE ARNOUX

La moglie di Jacques Arnoux ha 10 anni in più di Frederic. La storia la mostra tra i 28 e i 57 anni. Ha due figli, una femmina e un maschio. Ricca e borghese all'inizio del matrimonio, subisce poi le disgrazie finanziarie del marito. Dopo aver vissuto a Parigi, affitta una casa ad Auteuil, prima di fuggire in Bretagna e rimanere vedova.

Frederic la incontra per la prima volta su un battello che lo sta portando a Nogent, la *Ville-de-Montereau*. Si innamora immediatamente di lei. Una relazione sentimentale tra Frederic e Marie, tuttavia, sembra impossibile. Le ragioni sono diverse.

- Frederic idealizza troppo Marie. Mettendola su un piedistallo, ne fa un idolo, un essere astratto, troppo sublime per essere raggiunto:

  "Ciò che vide allora fu come una visione. Lei era seduta al centro di una panchina tutta sola, o almeno così gli sembrava; non riusciva a vedere nessun altro, abbagliato com'era dagli occhi di lei" (p. 5).

  "Assomigliava alle donne di cui lui aveva letto nei romanzi. Nulla poteva essere aggiunto al fascino della sua persona, e nulla poteva essere tolto. L'universo si era improvvisamente allargato. Lei era il punto luminoso verso cui convergevano tutte le cose" (p. 11).

- L'aria materna da cui Madame Arnoux è sempre bloccata paralizza il giovane, che rimane intrappolato in una sorta di complesso di Edipo nei confronti di questa donna anziana. Questo blocco dura fino al loro incontro finale:

  "Eppure, un attimo dopo, provò un'inspiegabile ripugnanza al pensiero di una cosa del genere e, per così dire, il timore di incorrere nella colpa di incesto. Un altro timore lo affliggeva: che il disgusto potesse poi

impossessarsi di lui. E poi, quanto sarebbe stato imbarazzante! – e, abbandonando l'idea, un po' per prudenza e un po' per non degradare il suo ideale, si allontanò e procedette a rollare una sigaretta tra le dita" (pp. 200-201).

Inoltre, è il suo ruolo di madre che impedisce a Madame Arnoux di recarsi all'incontro di Rue Tronchet: deve occuparsi del figlio Eugène, molto malato.

• Marie Arnoux sogna solo la calma, il riposo e una vita tranquilla. Nonostante sia perfettamente consapevole dell'infedeltà del marito, gli rimane fedele. E l'amore che alla fine ammette a Frederic non è altro che un affetto nostalgico.

Secondo i critici di Flaubert, il personaggio di Marie Arnoux è direttamente ispirato a Élisa Schlesinger che Flaubert, ancora studente di legge, aveva incontrato su una spiaggia di Trouville nel 1836.

ROSANETTE

Inizialmente, questa cortigiana è una delle amanti di Jacques Arnoux, prima di diventare di Frederic. Frederic sa bene che lei ha altri amanti (tra cui il marchese de Cisy). Tuttavia, Rosanette è per lui solo uno sfogo, che gli permette di dimenticare le delusioni subite per mano di Madame Arnoux, o addirittura di cercare vendetta.

La presenza di Rosanette, tuttavia, diventa sempre più preponderante nella vita di Frederic: sogna una vita borghese con lui. Ha anche un figlio da lui, che però non sopravvive. La coppia resta insieme per qualche tempo, ma Frederic decide di chiudere con lei, che è solo un vano sostituto di Madame Arnoux. Il giovane incolpa gli atti imprudenti commessi da lei a causa della sua gelosia nei confronti di Madame Arnoux quando la lascia.

DESLAURIERS

Deslauriers e Frederic Moreau si conoscono dai tempi della scuola. All'inizio della storia, Deslauriers è, in un certo senso, l'alter ego di Frederic: entrambi nutrono sogni di gloria.

Questo personaggio vorrebbe avere "un giornale in cui esporre se stesso, vendicarsi e sputare la sua bile e le sue opinioni" (p. 195). A causa di un malinteso che vanifica questo piano, l'amicizia tra Deslauriers e Frederic viene rovinata. I due amici diventano avversari: Deslauriers influenza negativamente coloro che sono vicini a Frederic – consiglia a Rosanette di intraprendere un'azione legale contro Jacques Arnoux e incoraggia Madame Dambreuse a vendere l'appartamento di Arnoux. Inoltre, sposa Louise Roque, l'unica donna che abbia mai amato Frederic con sincerità. Tuttavia, Moreau e Deslauriers si incontrano nuovamente alla fine del romanzo. Si raccontano i rispettivi fallimenti: Frederic è solo e Louise ha lasciato Deslauriers, che ora non è altro che un impiegato comunale di basso livello.

LE DAMBREUSES

Monsieur Dambreuse è un banchiere, oltre che un politico astuto e opportunista. Affascinato dal lusso in cui vive questa coppia, Frederic decide di sedurre Madame Dambreuse, pur non essendo particolarmente attratto da lei: trova che abbia "una fioritura in cui non c'era brillantezza, come quella della frutta conservata" (p. 164). La seduzione sembra facile, ma

Frederic capisce in seguito che lei ha permesso che ciò avvenisse per noia. Quando rimane vedova, chiede a Frederic di sposarla. Non riceve l'eredità del marito, che ha lasciato alla nipote (che in realtà è la sua figlia biologica).

ANALISI

UN GIOVANE STATICO

A prima vista, il titolo dell'opera sembra indicare che si tratta di un romanzo di formazione, ma non è affatto così. In effetti, in *Educazione sentimentale*, il personaggio principale non si evolve. Frederic Moreau non è nemmeno un eroe. È certamente un idealista, ma l'essere idealista non impedisce di fissare obiettivi personali e di dedicarsi al raggiungimento di un traguardo prefissato, anzi. Eppure, la vita di Frederic, lungi dall'essere un percorso costante e lineare, non è altro che una serie insipida e ripetitiva di occasioni mancate.

> "Poi ognuno di loro ha riassunto la propria vita.
>
> Entrambi avevano fallito nei loro obiettivi: l'uno sognava solo l'amore, l'altro il potere.
>
> Per quale motivo?
>
> 'Forse perché non ho preso la linea giusta', disse Frederic.
>
> 'Nel vostro caso può essere così. […]'" (p. 205).

Questo personaggio è in netto contrasto con gli individui determinati creati da Stendhal (scrittore francese, 1783-1842), Balzac (scrittore francese, 1799-1850) o Hugo (scrittore francese, 1802-1855): se hanno incontrato un fallimento, è stato almeno perché hanno tentato qualcosa. Prigioniero della sua stessa inazione, Frederic è l'incarnazione stessa della disinvoltura e dell'inerzia. Non prende mai iniziative e non anticipa mai gli eventi, ma si lascia semplicemente trasportare da essi. Due ipotesi possono spiegare questa situazione:

- o è un romantico esagerato che non è mai nel presente, che sogna la sua vita più che viverla e che si accontenta di ciò che è nella sua immaginazione senza mai tradurlo in azioni reali;

- oppure è un codardo che, di fronte alla vastità di tutto ciò che è possibile, non osa mai intraprendere un'azione decisiva. Ossessionato dalla purezza e dalla perfezione, ha paura di sbagliare qualcosa o di prendere decisioni sbagliate. L'idea dell'inganno lo spaventa ed è restio a fare qualsiasi sforzo. In caso di dubbio, si arrende sempre.

In breve, Frederic non va da nessuna parte e ristagna in modo permanente. Tra l'inizio e la fine del romanzo non accade nulla di eclatante o di notevole. Non c'è una trama in senso stretto.

I FALLIMENTI DI FREDERIC

Questa logica del fallimento domina ogni ambito della vita del giovane: l'amore, le convinzioni e il comportamento. Frederic gira in tondo in un'impasse, è bloccato.

Un amore silenzioso

Frederic si rivela incapace di ricevere sentimenti ricambiati da Marie Arnoux. Rimanda continuamente la sua dichiarazione:

> *"Fin dal mattino aveva cercato l'occasione per dichiararsi; ora era arrivata. Inoltre, i movimenti spontanei di Madame Arnoux gli sembravano*

contenere delle promesse […]. Ma, quando fu seduto vicino a lei, cominciò di nuovo a sentirsi in imbarazzo. Non riusciva a trovare un punto di partenza" (p. 256).

Il giovane può anche assicurare a se stesso che agirà, ma i suoi tentativi vengono sempre abortiti. Non si sente all'altezza? Oppure l'idea dell'amore lo attrae più della cosa stessa? Possiamo almeno constatare che questo stato di cose stimola la sua immaginazione:

"[…] sognava la felicità di vivere con lei, di "darle del tu", di passare la mano sulle sue fasce, o di rimanere inginocchiato sul pavimento, con entrambe le braccia strette intorno alla sua vita, per bere la sua anima attraverso i suoi occhi. Per fare questo sarebbe stato necessario vincere il Fato; e così, incapace di agire, maledicendo Dio e accusandosi di essere un vigliacco, continuava a muoversi senza sosta entro i confini della sua passione, proprio come un prigioniero si muove nella sua prigione" (p. 90).

Senza dubbio misura anche le differenze tra loro e lotta con le potenziali disillusioni che deriverebbero dalla loro relazione.

Qualunque sia il motivo, Frederic pensa sempre all'amore come a qualcosa che potrebbe accadere, piuttosto che a qualcosa che accadrà o sta accadendo. Alla fine, questa procrastinazione porta a frustrazioni dannose per la passione insoddisfatta. Non potendo avere l'unica donna che ama, il giovane si rivolge a dei sostituti: Rosanette e Madame Dambreuse, per non parlare di Louise Roque.

Infine, durante l'ultimo incontro tra Frederic e la donna che ama, una malinconica nostalgia sostituisce questa patologica procrastinazione. Allo stesso tempo, Frederic non potrà mai vivere il suo amore nel presente. Infatti, al loro ultimo incontro, i due personaggi parlano al futuro perfetto: "Non importa; ci saremo amati veramente!" (p. 198).

Il capitolo finale ci rivela quindi un altro evento, avvenuto prima della trama del romanzo: da adolescenti, Frederic e Deslauriers non ebbero il coraggio di entrare in un bordello e scapparono. In un certo senso, questa occasione mancata era una prefigurazione.

Impossibile scrivere

Frederic è un avido lettore e vuole scrivere, ma non riesce mai a imbrigliare la sua immaginazione né a portare a termine ciò che inizia a scrivere: *Sylvio, il figlio del pescatore* e *Storia del Rinascimento*. Decide anche di acquistare un intero set di attrezzature per la pittura che non utilizzerà mai.

Ignorante in materia di politica

Il giovane, che si dichiarava ambizioso, assiste agli eventi tumultuosi della sua epoca come semplice spettatore, come se non ne fosse coinvolto. Non approfitta delle circostanze per protestare, non coglie mai l'occasione per mettersi in luce. Inoltre, non capisce nulla di questioni pubbliche e le rivolte del 1848 lo lasciano perplesso: "Frederic non riusciva a capire la necessità di tanto rancore e di un linguaggio così vituperato" (p. 192). Nonostante un temporaneo picco di interesse per la politica, Frederic finisce per essere sconfitto da Monsieur Dambreuse.

Un eroe sprecato

Il duello tra Frederic e Cisy sarebbe l'occasione per Frederic di dimostrare il suo onore. Ma questo duello viene interrotto in modo ridicolo: prima ancora di iniziare il combattimento, Cisy sviene.

UNA GENERAZIONE DI PERDENTI

Affascinato dalla mediocrità, Flaubert non presenta solo un giovane senza talento, ma un'intera generazione di giovani stupidi e inesperti. Sono personaggi sbiaditi che fungono da specchio della stupidità di Frederic:

- Deslauriers, il suo compagno di scalata sociale che non fa altro che imitare i desideri del suo alter ego e che conosce solo il fallimento;

- Jacques Arnoux, un uomo cafone e alla ricerca del piacere, i cui fallimenti finanziari punteggiano la trama del romanzo dall'inizio alla fine;

- Pellerin, un artista fallito, incapace di creare – non riesce nemmeno a dipingere il ritratto del figlio di Rosanette – e che si accontenta di imitare i grandi artisti, apparentemente per trovare i segreti dell'estetica, e che finisce per fare il fotografo;

- Sénécal, un individuo pomposo che diventa poliziotto per soddisfare il suo desiderio di dominio;

- Dussardier, un rivoluzionario eccitato che viene ucciso da Sénécal, suo ex amico.

Solo Martinon ha successo, perché sposa la ricca nipote di Dambreuse e diventa senatore.

Alcuni vedono questi personaggi della piccola borghesia come il prodotto di una società da cui non possono staccarsi, per quanto vorrebbero: durante quell'epoca rivoluzionaria, le promesse di cambiamento sociale erano inevitabilmente bloccate dal conservatorismo del sistema di classi.

I personaggi ritratti fanno quindi parte di una generazione combattuta tra idealismo, timidezza e disillusione.

UNO STILE DI SCRITTURA MODELLATO SULL'ARGOMENTO

L'autore riconosce di avere una predilezione per i personaggi passivi. E il suo modo di scrivere si adatta a loro: Flaubert è uno scrittore che si prende il suo tempo; scrive e descrive la lentezza delle azioni come quella delle menti. Che sia intenzionale o intuitivo, lo stile di scrittura è modellato sul suo soggetto:

• Il narratore non interviene spesso, non guida la storia. Non si vede nessuno che tira le fila della storia (dato che non c'è una trama). Al contrario, tutto è mostrato chiaramente; così, le scene testimoniano se stesse.

• Le descrizioni sono abbondanti. Per evidenziare la passività di Frederic, Flaubert privilegia le descrizioni: la loro abbondanza e la quantità di dettagli banali che contengono si rivelano necessari per comprendere la stasi del giovane. In un certo senso, Flaubert dà più spessore alla situazione. Il peso di queste descrizioni spiega lo scarso successo dell'opera al momento della sua pubblicazione: il pubblico dell'epoca non poteva accettare che l'azione e i personaggi non fossero in primo piano nel romanzo. Inoltre, il narratore non azzarda alcun commento durante lo svolgimento delle scene. Ma queste descrizioni non sono del tutto oggettive o impersonali. Infatti, nel corso del romanzo, il lettore attento può notare la scelta di Flaubert di usare certe parole piuttosto che altre, indizi che invitano il lettore a tenersi a distanza e a giudicare da solo ciò che ha sotto il naso: l'ironia può quindi prevalere sulle descrizioni stesse. Dobbiamo essere consapevoli che alcuni critici dell'opera ritengono che queste descrizioni siano insite nella visione del giovane. Frederic, incapace di distinguere l'essenziale dal secondario, annuncerebbe tutto ciò che osserva, anche i dettagli più piccoli.

- La sintassi stessa dà un'impressione di letargia. In primo luogo, i numerosi avverbi e participi presenti sovrastano qualsiasi azione. In secondo luogo, Flaubert fa di tutto per allungare il ritmo delle sue frasi: queste sono spesso rallentate da virgole o allungate da giustapposizioni e congiunzioni. Le scorciatoie sono molto rare e i cambi di tempo sono sempre molto precisi ("due mesi dopo", "cinque mesi dopo").

ULTERIORI RIFLESSIONI

ALCUNE DOMANDE SU CUI RIFLETTERE...

- Esaminate i viaggi che Frederic intraprende tra Nogent e Parigi. Cosa illustrano?

- Secondo lei, perché Flaubert introduce il personaggio di Deslauriers? Che scopo ha?

- Confrontate queste due coppie di amici: Frederic e Deslauriers con Dussardier e Sénécal.

- In che misura il personaggio di Martinon, teoricamente innocuo, si oppone a tutti i piani di Frederic Moreau?

- Gli avvenimenti storici (rivolte, successivi sconvolgimenti politici, un colpo di Stato) si verificano in concomitanza con la trama principale, ma senza mai influenzarla. In che misura questi eventi storici sono diffusi simbolicamente nella storia? Individuate le connessioni tra gli eventi dell'uno e dell'altro.

- Confrontate la vita di Frederic con la biografia di Flaubert. Hanno elementi in comune?

- Esaminate *Madame Bovary, Bouvard e Pécuchet*. Confrontate i personaggi principali di questi romanzi con Frederic Moreau. Hanno qualche somiglianza tra loro? Di che tipo di individuo ama scrivere Flaubert?

- Spiegate in che misura i temperamenti dei seguenti personaggi sono in contraddizione tra loro: Frederic Moreau,

Julien Sorel (da *Il rosso e il nero* di Stendhal) e Rastignac (*Père Goriot* di Balzac).

- Come sarebbe stata la vita di Frederic Moreau se non avesse ricevuto l'eredità dello zio defunto? Immaginate le sue relazioni con gli altri personaggi, il suo ambiente e i suoi potenziali obiettivi personali. Fornite ragioni ed esempi a sostegno della vostra analisi.

ULTERIORI LETTURE

EDIZIONE DI RIFERIMENTO

Flaubert, G. (1922) L'*educazione sentimentale*. Trans. Knowlton Ranous, D. New York: Brentano's.

STUDI DI RIFERIMENTO

Beaumarchais, J.-P. e Couty, D. eds. (2001) L'Éducation senti-mentale. *Dizionario delle grandi opere della letteratura francese.* Parigi: Larousse-VUEF, p. 395-398.

Dantzig, C. (2005) Flauber (Gustave). *Dizionario economico della letteratura francese.* Paris: Grasset, p. 361-367.

Cogny, P. (1975) *L'educazione sentimentale di Flaubert. Le monde en creux.* Paris: Larousse.

Vogliamo sapere da voi!
Lasciate un commento sulla vostra biblioteca online
e condividete i vostri libri preferiti sui social media!

www.50minutes.com

Master ISBN: 9782808690843
ISBN cartaceo: 9782808612241
Deposito legale: D/2023/12603/1504

Copertura: © Primento

Concezione digitale a cura di Primento, il partner digitale degli editori.